W0215831

Barbara und Bernhard Läufer · Kinu sucht das Abenteuer

Die Deutsche Bibliothek – CIP-Einheitsaufnahme

Läufer, Barbara:
Kinu sucht das Abenteuer: eine Bewegungsreise für Kinder, die ihre Stärken entdecken wollen /
Barbara Läufer; Bernhard Läufer. –
Kirchzarten bei Freiburg: VAK Verlags GmbH, 2002
ISBN 3-932098-92-7

© VAK Verlags GmbH, Kirchzarten bei Freiburg 2002
Idee und Text: Barbara Läufer
Illustrationen: Bernhard Läufer
Lektorat: Monika Radecki und Jörg Ketter
Umschlag: Michael Sacherer
Satz und Layout: Michael Sacherer
Druck: Himmer, Augsburg
Printed in Germany
ISBN 3-932098-92-7

Barbara Läufer

Kinu sucht das Abenteuer

Eine Bewegungsreise für Kinder, die ihre Stärken entdecken wollen

Illustriert von Bernhard Läufer

VAK

VAK Verlags GmbH, Kirchzarten bei Freiburg

Warm scheint die Sonne durchs Zelt.
Kinu räkelt und streckt sich.
Er gähnt und massiert seine Ohren,
denn ein Indianer muss wach sein.

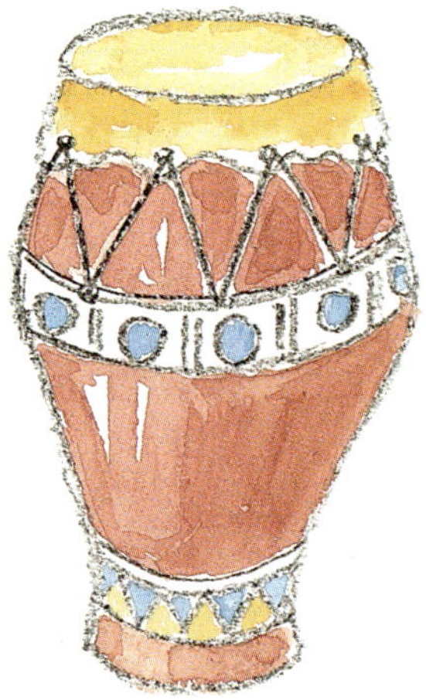

Heute ist ein herrlicher Tag,
um auf Kundschaft zu gehen, denkt sich Kinu.
Er hängt seinen Köcher um, steckt die Pfeile hinein
und macht sich auf den Weg.

Von weitem hört er das Rauschen des Flusses.
Als er am Wasser ankommt,
entdeckt er einen großen Baumstamm.
Auf ihm kann er den Fluss überqueren.

Kinu stapft weiter durch hohes Gras.
Da hört er von fern lautes Rufen.
Das müssen fremde Indianer sein!
Ob die gefährlich sind?
Nur die Ruhe bewahren!

Sie dürfen mich nicht entdecken!
Kinu duckt sich und schleicht weiter.
Bald hört er die Stimmen nicht mehr.
Er ist in Sicherheit.

Vor sich im Gras entdeckt Kinu Spuren.
Ob das Büffel sind?
Kinu legt sein Ohr an den Boden:
Tatsächlich, die Erde dröhnt von ihren Hufen.

Kinu schaut in die Ferne.
Dort kann er die Büffel sogar erkennen,
eine große braune Herde.
So einen Büffel werde ich erlegen,
wenn ich groß bin, denkt Kinu.

Bei diesem Gedanken zieht Kinu
einen Pfeil aus dem Köcher.
Er spannt den Bogen
und schießt den Pfeil weit über die Steppe.

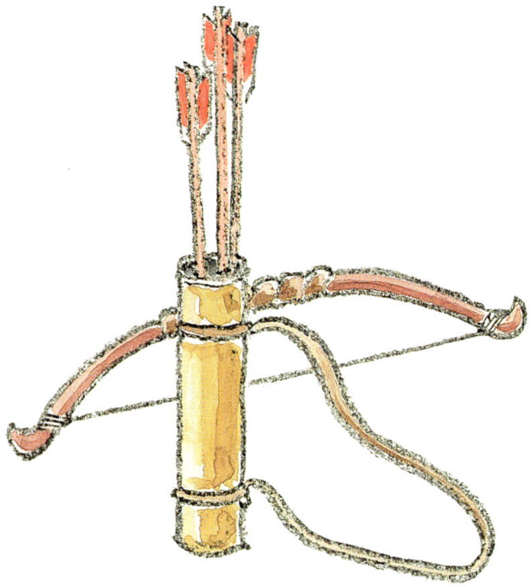

Kinu ist schon ziemlich müde.
Aber auf diesen Hügel will er noch steigen.
Mit kräftigen Schritten und ganz außer Atem
erreicht er den Gipfel.

Gewaltig, diese Aussicht!
Kinu wendet den Kopf nach allen Seiten
und blickt in die Ferne.
Die Steppe liegt ihm zu Füßen.

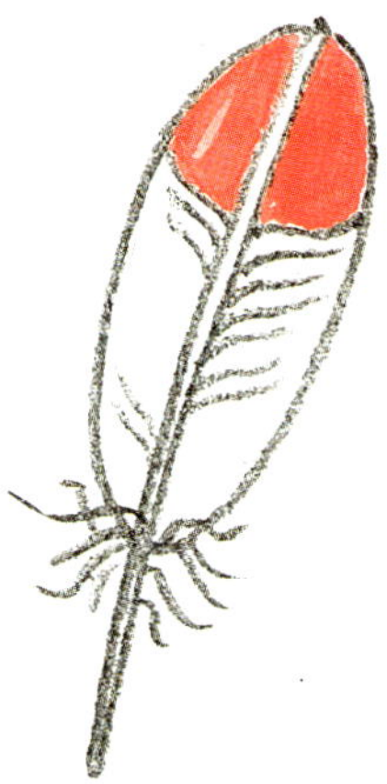

Kinu schließt die Augen
und fühlt sich wie ein großer mutiger Indianer.
Dann breitet er die Arme aus
und schließt die schöne Landschaft in sein Herz.

Nun macht sich Kinu auf den Rückweg.
Er erkennt seine eigenen Spuren im Gras.
Angst hat er jetzt nicht mehr
und sicher überquert er den Fluss.

Am Abend am Lagerfeuer
hat Kinu viel zu erzählen –
von den fremden Indianern,
von den Büffeln
und von dem mutigen Indianer in ihm.

Über die Autoren

Barbara Läufer, geboren 1957 in Karlsruhe, hat sich die Geschichte von Kinu ausgedacht. Sie ist Lehrerin und unterrichtet an einem Gymnasium im Schwarzwald die Fächer Deutsch und Französisch. Außerdem leitet sie Kurse zum Thema Lernen. Hierbei zeigt sie Kindern, Eltern, Lehrern und Erzieherinnen, dass man sich wohler fühlt und besser lernen kann, wenn man sich bewegt. Auch ihre beiden Kinder Jonas und Sophia haben das schon ausprobiert.

Bernhard Läufer, geboren 1956 in Freiburg, ist der Mann von Barbara Läufer und hat die Bilder zur Geschichte gemalt. Er hat Kunsterziehung und Deutsch studiert und unterrichtet heute an einer Grund- und Hauptschule Kinder von der 1. bis zur 6. Klasse. Wenn er Zeit hat, malt und zeichnet er oder macht Figuren aus Stein. Seine Werke waren bereits auf mehreren Ausstellungen zu sehen. *Kinu* ist Bernhard Läufers erstes Bilderbuch.

Übrigens kann man Barbara und Bernhard Läufer im Internet besuchen.
Ihre Adresse lautet *www.paedkin.de.*
E-Mails erreichen sie unter *info@paedkin.de.*

Lene Mayer-Skumanz,
Irmgard Heringer,
Anna Heringer:

Mit dem Tiger um die Wette

Geschichten, Tipps und Übungen
bei Prüfungsangst und Stress

70 Seiten · ISBN 3-932098-54-4

Wie David, Victoria und ihre Mitschüler in die Geheimnisse des Lernens eindringen und eine „Stress-Stopp-Olympiade" organisieren. Eine spannende Geschichte zum Umgang mit Stress. Mit Ausfalttafel zu den „Mitmach-Übungen".

In neuer Rechtschreibung.

Für Kinder von 8 bis 10 Jahren.

Lene Mayer-Skumanz,
Irmgard Heringer,
Anna Heringer:

Löwen gähnen niemals leise

Wie Lernen leicht gelingt.
Geschichten, Tipps und Übungen für Kinder

64 Seiten · ISBN 3-932098-21-8

Dieses farbig illustrierte Kinderbuch greift mit Geschichten aus dem Alltag in verständnisvoller Weise Schulprobleme von Kindern auf. Mit viel Humor und Einfühlungsvermögen werden Kinder und Eltern ermuntert, mit Hilfe von einfachen Bewegungsübungen diese Probleme zu meistern.

In neuer Rechtschreibung.

Löwen gähnen niemals leise wurde von der Deutschen Akademie für Kinder- und Jugendliteratur e.V. zum Kinderbuch des Monats Juni 1998 gewählt.

Susanne A. Köster:

Wie Sonnenschein und Puschel sich ihre Welt verzaubern

Mit Bastelanleitung für Traumfänger

110 Seiten · ISBN 3-932098-38-2

Anhand von Tiergeschichten vermittelt dieses interaktive Abenteuerbuch Kindern einfühlsam die Grundprinzipien des NLP – so, dass sie in ihrem Leben noch selbstbewusster und vertrauensvoller sein können. Kleine Tipps am Rande wiederholen die „Zauberworte", und den Eltern wird im Anhang NLP genauer erläutert.

In neuer Rechtschreibung.

Für Kinder von 8 bis 10 Jahren.

Ingrid Obersamer
(nach Paul und Gail Dennison):

Felix und die Brain-Gym®-Bande

32 Spiel- und Übungskarten mit Anleitungsheft in Stülpschachtel

ISBN 3-932098-59-5

Dieses Kartenspiel hat zum Ziel, spielerisch Übungsanleitungen für Brain-Gym® zu geben. Kinder werden mit Spaß zum Praktizieren der Übungen animiert. Seine Vorzüge:

- originelle, kindgerechte Kartengestaltung
- einfaches und erprobtes Arbeitsmittel für Erzieherinnen
- attraktiv als Geschenk

Felix und die Brain-Gym®-Bande ist geeignet für Kinder ab 4 Jahren in Kindergarten, Spiel- und Lerngruppen oder für zu Hause in der Familie.

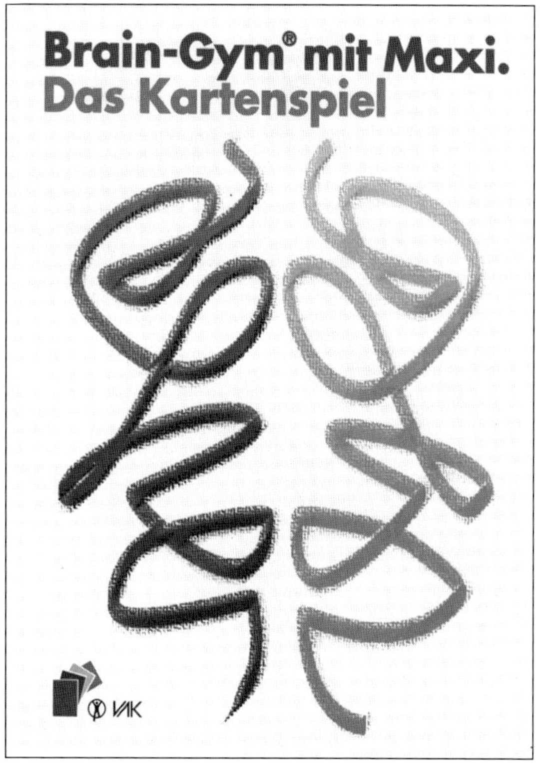

Brain-Gym® mit Maxi.
Das Kartenspiel

Illustriert von Haralds Klavinius

28 farbige Übungskarten plus Anleitungsheft (32 Seiten) im Doppelschuber

ISBN 3-932098-17-X

Brain-Gym® mit Maxi ist die lang erwartete Ergänzung zu den Brain-Gym®-Büchern von Gail und Paul Dennison. *Brain-Gym® mit Maxi* trifft den Ton von Kindern und kann spielerisch und hilfreich im Alltag eingesetzt werden.

Christina Buchner:

Brain-Gym® & Co. – kinderleicht ans Kind gebracht

239 Seiten · ISBN 3-932098-01-3

Immer mehr Kinder brauchen gezielte Lernförderung. Immer mehr Lehrer interessieren sich für alternative pädagogische Ansätze, darunter auch für die Kinesiologie. Manche Lehrer, die Brain-Gym® in der Schule einsetzen wollen, machen die frustrierende Erfahrung, dass die Übungen gerade bei denjenigen Schülern nicht „ankommen", die die Übungen am dringendsten bräuchten. Diesen Lehrern zeigt Christina Buchner Wege, wie sie einige zentrale kinesiologische Übungen auf einfache und spielerische Weise in ihren Unterricht einführen können. Die Beschränkung auf wenige Übungen macht Brain-Gym® überschaubar und für die Kinder wird die Zunahme eigener körperlicher Fähigkeiten erlebbar.